DE

LA RESPONSABILITÉ

DES MINISTRES.

Imprimerie de M°. JEUNEHOMME-CREMIÈRE,
Rue Hautefeuille, n° 20.

DE
LA RESPONSABILITÉ
DES MINISTRES.

QUESTION A L'ORDRE DU JOUR.

EXAMEN DU PROJET DE LOI,

DU 27 JANVIER 1819.

> La personne du Roi est inviolable et sacrée; ses ministres sont responsables.
> *Art. 13 de la charte.*

A PARIS,

CHEZ **PLANCHER**, ÉDITEUR DU MANUEL DES BRAVES, rue Poupée, n° 7.

—

1819.

AVANT-PROPOS.

———

Lorsque l'on a lu le mot li-
bertas écrit, en gros caractè-
res, sur les portes d'une prison :
lorsque l'on se rappelle ces fa-
meux sénatus consultes, qualifiés
gravement d'organiques de la
constitution, lorsqu'ils la mi-
naient jusques dans ses fonde-
mens; et tant d'autres lois et arrê-
tés, pompeusement annoncés
sous des rubriques trompeuses ;
il est bien permis sans doute de ne
pas s'en rapporter aveuglément
aux titres des projets de lois, et de
vouloir juger par soi-même, s'ils

On voit que la responsabilité des ministres est prononcée d'une manière ab-
solue et sans restriction, par l'art. 13 ; et
elle devait l'être ainsi ; car, *tout fait quelconque de l'homme qui cause à autrui
du dommage, oblige celui par la faute
duquel il est arrivé, à le réparer,* article 1382 du Code civil, qui n'est sur ce
point, que la raison écrite ; aussi, les
articles 55 et 56 ne s'occupent-ils de la
responsabilité des ministres, que sous
l'unique rapport des crimes *de trahison
et de concussion,* dont les ministres
pourront se rendre coupables, en établissant, pour ces cas seulement, une
compétence et une forme de procéder
particulière.

La compétence que les art. 55 et 56
donnent aux chambres, et la forme de
procéder qu'ils ordonnent de déterminer,

par des lois particulières, pour cas *spéciaux*, étaient commandées par la nature même des choses. Les crimes de trahison et de concussion intéressent en effet trop essentiellement et trop directement la paix publique, pour que Sa Majesté, dans sa haute sagesse, n'ait pas dû en réserver la connaissance aux grands corps politiques de l'état.

Mais il n'y a pas le même motif lorsqu'il ne s'agit que de la responsabilité des ministres et de leurs agens, dans ses rapports avec un simple dommage causé à des particuliers : la chose a été laissée par la charte sur ce point, et elle a dû l'être dans les termes du droit connu. La distinction faite par la charte entre les délits qui intéressent la paix publique et ceux qui n'intéressent que des citoyens isolés, n'est pas nouvelle; on la trouvait établie déjà dans la constitution de l'an 8 et dans le Code pénal; et avec un peu de réflexion, il est facile de se convaincre qu'il doit en être ainsi.

Supposer en effet qu'un ministre ne deviendrait responsable du dommage qu'il aurait pu causer à autrui par son fait, que dans le cas où il y aurait matière *à l'accuser*, pour faits de *trahison et de concussion*, ce serait évidemment décharger les ministres de toute responsabilité envers les citoyens; ce serait établir le despotisme ministériel le plus absolu; ce serait effacer, d'un seul trait de plume, les dispositions de l'art. 13 de la charte qui déclare, sans restriction aucune, que *les ministres sont responsnbles*.

Si l'on est forcé de convenir, à moins de nier l'évidence, que les art. 55 et 56 de la charte n'ont révoqués ni de fait ni de droit le vœu bien prononcé de l'article 15 et de l'article 1382 du Code civil, le projet de loi du 27 janvier, qui a été présenté à la chambre des députés, se trouve par cela même *incomplet,* en ce qn'il se borne à déterminer les formalités à observer, dans le cas de prévention de crimes de trahison et de concussion, sans s'occuper dans aucun de ses articles, de la responsabilité ministérielle, dans ses rapports particuliers avec le citoyen.

L'orateur du gouvernement a bien dit, en présentant le projet de loi du 27 janvier, que, *de ce moment et par la seule force du nouvel ordre des choses, les anciennes lois entrent en vigueur;* ce qui tendrait à faire supposer, que les dispositions du Code pénal, devraient continuer à régir la responsabilité des ministres, dans tous les autres cas, que ceux exceptés par les articles 55 et 56 de la charte! Mais s'il devait en être ainsi, pourquoi n'en aurait-il pas été fait un article du projet de loi? C'était une chose qui en eût bien mérité la peine; et cependant le projet de loi a gardé, sur ce point, un silence impénétrable. On en devine aisément la raison, on l'a trouve écrite dans cette phrase secondaire que l'orateur du gouvernement a immédiatement ajoutée, *et nous osons annoncer, qu'après avoir subi d'ailleurs les modifications dont elles sont susceptibles, et reçu le complément qu'elles demandent, elles formeront avec la loi nouvelle, un système achevé.* Mais il ne résulte pas moins de ce passage du discours de l'orateur du gouvernement, qu'il est dans l'esprit de la charte, de ne pas confondre les poursuites à faire contre les ministres responsables du dommage causé à autrui par leur fait, avec la responsabilité qu'ils encourent, dans le cas où ils se rendent coupables de crimes de trahison et de concussion ; et que tout reste encore à faire, pour organiser la responsabilité ministérielle, dans ses rapports particuliers avec les citoyens ; ce qui peut seul les rassurer contre les entreprises du pouvoir.

Lors même que l'on ne mettrait que le même temps à préparer la loi, qui doit faire *subir* à l'ancienne législation sur cette matière, les *modifications* dont elle est susceptible, et lui donner le *complément* qu'elle demande ; que celui que l'on a mis à préparer le projet de loi du 27 janvier, l'on aurait encore au moins quatre années à l'attendre ; ce qui ne serait pas fort tranquillisant. Mais put-on concevoir l'espérance qu'un nouveau projet de loi serait présenté dans cette session, pour organiser la responsabilité des ministres et celle de leurs agens, dans ses rapports avec le dommage causé aux simples particuliers; et put-on aller même, jusqu'à supposer, contre toute idée de raison et de justice, que les ministres ne pussent être déclarés responsables, que dans les cas où ils se seraient rendus coupables de crimes de trahison et de concussion; que le projet de loi du 27 janvier ne remplirait pas encore son objet, dans le sens des articles 55 et 56 de la charte.

L'article Ier du projet porte bien, ainsi que la charte obligeait de le faire, que la chambre des députés ne peut accuser un ministre, que sur une dénonciation, qui doit contenir les faits de trahison et de concussion, à raison desquels le mi-

nistre est inculpé ; et les suivans déter-
minent bien de même, quelles sont les
formalités qui doivent être observées
dans la poursuite et dans le jugement;
mais cela ne peut suffire; la loi doit *spécifier* la nature de ces délits, puisque la
charte le veut ainsi; et c'est ce que ne
fait pas le projet.

Ce n'est pas une simple omission, c'est
à grande connaissance de cause et volon-
tairement, que les auteurs du projet de
loi, ont crus pouvoir se soustraire ainsi
au commandement de la charte; l'orateur du gouvernement a eu le plus grand
soin de nous en insturire. « L'on conçoit,
« a-t-il dit, qu'en certaines circonstan-
« ces, il soit utile et même nécessaire de
« spécifier, c'est-à-dire, de désigner
« nommément, comme cas de trahison
« et de concussion, certains faits énoncés

« dans des lois particulières ; mais ce
« que nous ne saurions comprendre , ce
« qui même ne nous semble pas moins
« *dangereux qu'impossible* , car , en
« pareille matière , il est dangereux
« d'entreprendre , tout ce qu'il est im-
« possible d'exécuter; c'est de vouloir
« donner à la disposition dont il s'agit,
« son effet , en spécifiant tous les faits
« pour lesquels les ministres pourront
« être accusés , soit par numération
« complète des cas , soit par un certain
« nombre de classes qui en renferment
« l'universalité , dans des dispositions
« générales ». L'orateur a conclu de là,
« que la force de la raison nous com-
« mande de nous en remettre à une ju-
« ridiction d'équité, et que l'intérêt de
« la justice même réclame *l'intervention*
« *de l'arbitraire.* »

Mais d'abord, comment se faire une idée, qu'il puisse y avoir des circonstances, ou il soit *utile et même nécessaire* de spécifier un crime de trahison et de concussion ; et que cette spécification puisse devenir dans d'autres *aussi dangereuse qu'impossible* dans d'autres circonstances ?

S'il y avait réellement *impossibilité* de *spécifier* la nature des crimes de trahison et de concussion, dont les ministres peuvent se rendre coupables, il n'y aurait rien à répondre à l'objection ; car *à l'impossible nul n'est tenu* ; mais la haute sagesse qui a présidé à la rédaction de la charte, ne permet pas que l'on puisse même supposer cette prétendue impossibilité ; car si sa majesté avait jugé la chose impossible, elle n'aurait certainement pas dit que, *des lois particu-*

lières spécifieront la nature de ces délits.

Si l'article 56 de la charte a voulu que la nature des délits de trahison et de concussion, qui pourraient être imputés aux ministres, fussent *spécifiés*, c'est-à-dire, *désignés nominativement*, par des lois *particulières*; c'est que sa majesté a supposé, qu'il pourrait être apporté *quelques modifications*, dans l'espèce, aux lois actuellement existantes, et qu'elle a voulu en donner les moyens.

L'exécution de cette disposition de la charte, peut bien sans doute présenter quelques *difficultés*; mais il y a loin de la *difficulté* de faire une chose, à *l'impossibilité* de la faire.

Le *danger* de spécifier la nature des crimes de trahison et de concussion, n'est pas plus réel que *l'impossibilité* d'y parvenir. D'où pourrait résulter en effet,

le danger de la spécification ? Ecoutons encore sur ce point, l'orateur du gouvernement. « Cette entreprise serait,
« a-t-il dit, aussi vaine que laborieuse ;
« elle jetterait nécessairement le législa-
« teur dans l'alternative ou de des-
« cendre à des détails minutieux, qui
« toujours incomplets , malgré leur
« multiplicité, fourniraient un plus grand
« nombre de prétexte à la passion , sans
« donner plus de secours à la justice ;
« ou de s'arrêter à de vagues généra-
« lités, qui auraient tous les défauts de
« la spécification, sans en avoir les avan-
« tages; et qui laisseraient, dans les
« termes de la loi, à l'interprétation,
« une carrière où elle saurait bientôt se
« mettre aussi à l'aise, que dans les
« termes de la charte même ; et join-
« draient enfin à l'inconvénient de créer

« des crimes prétendus , celui d'en
« omettre de réels. »

Mais c'est précisément par la raison
que la charte aurait mis trop à l'aise ,
pour créer des crimes ou pour en omettre de réels, que l'art. 56 a voulu que
la nature des crimes de trahison et de
concussion fussent spécifiés par des lois
particulières; mais l'orateur du gouvernement a eu très-grande raison de dire ,
qu'il ne fallait pas s'arrêter *à de vagues généralités*, qui n'auraient aucun
des avantages de la spécification , et qui
entraîneraient à de beaucoup plus grands
inconvéniens; aussi l'article cité de la
charte ne laisse-t-il pas l'option, entre les
généralités et la *spécification*; d'où suit
que, la charte ne serait pas mieux exé-
cutée , en établissant des *généralités ,*
qu'en ne *spécifiant* pas la nature des délits.

Reste l'argument tiré de ce que, pour remplir le vœu de la charte, *il faudrait descendre à des détails minutieux qui, toujours incomplets, fourniraient un plus grand nombre de prétextes à la passion, sans donner plus de secours à la justice.*

L'article 56 de la charte répond plus éloquemment que nous ne pourrions le faire à cette argumentation : elle a commandé, il faut obéir. Comment d'ailleurs parviendrait-on à faire comprendre, que *des détails minutieux et incomplets, fourniraient un plus grand nombre de prétextes à la passion, sans donner plus de secours à la justice ?* Si le fait qui est imputé au ministre, ne se trouve pas *spécifié* dans la loi, la justice ne peut l'atteindre ; elle vient nécessairement à son secours ; aucun prétexte ne peut rester à la passion pour le dénoncer, le mettre en accusation, le condamner ; les prétextes, au contraire, ne manqueraient jamais, si la loi pénale n'avait pas spécifiée la nature des délits, et que l'*arbitraire* dût tenir lieu de loi.

Vainement allègue-t-on *que l'arbitraire n'a rien ici de redoutable ; que ce n'est pas une arme dangereuse, entre les mains de ceux à qui la loi en confiera le droit.* Il est très-probable, sans doute, que les chambres, à qui le projet de loi confère l'exercice de ce pouvoir arbitraire, n'en abuseront pas ; mais un esprit d'exaltation ne pourrait-il s'y introduire et y dominer ? Nous avons des preuves que la chose n'est pas impossible.

L'*arbitraire* et la *justice* présentent des idées trop contradictoires, pour que jamais l'un puisse être substitué à l'autre, sans qu'il en résulte nécessairement un

bouleversement général dans la législation. On ne peut se dissimuler cette vé-
rité ; mais on croit pouvoir en éluder
l'application, dans le cas particulier, en
supposant que, *ce serait ceux-là même,
qui délibéreraient sur les définitions légales, destinées à prévoir les faits de trahison et de concussion, à qui il appar-
riendra de qualifier les faits imputés
aux prévenus, suivant les mêmes formes,
qui assureraient aujourd'hui la maturite
d'une résolution législative.*

La supposition serait exacte, qu'elle
ne pourrait justifier la substitution de l'*arbitraire* à la *justice*, sou ennemie la plus
implacable ; car un pareil système ne
pourrait être admis, sans violer ouvertement les dispositions de l'article 4 du
Code pénal qui porte que, *nulle contra-
vention, nul délit, nul crime ne peuvent*

être punis de peines qui n'auraient pas été prononcées avant qu'ils fussent commis ; et sans violer plus formellement encore, l'article 2 du Code civil, portant que, *la loi ne dispose que pour l'avenir, qu'elle ne peut avoir d'effet rétroactif.* La loi qu'improviseraient les chambres, ne pourrait, en effet, recevoir son application, sans *rétroactivité* à un fait *antérieur.*

Mais c'est une erreur grave que d'avancer, *que ce seront ceux-là même qui délibéreraient sur les définitions légales des crimes de trahison et de concussion, à qui il appartiendra de qualifier les délits imputés aux prévenus,* SUIVANT LES FORMES *qui assureraient aujourd'hui, la maturité d'une résolution législative;* Car, c'est au roi seul, que l'initiative des lois appartient; et les délibérations des chambres, lors même qu'elles ont prises sur

la présentation des projets de lois, n'ob-
tiennent le caractère de lois, que par la
sanction de sa majesté; d'où suit que, *ce
ne seraient pas les mêmes formes qui seraient observées;* et qu'il y aurait dans la
mise en accusation, comme dans le jugement, une décision purement *arbitraire*,
dans toute la force que ce terme peut
comporter.

Le ministre dénoncé pourrait quelquefois, sans doute, s'en trouver fort bien;
mais aussi quelquefois, il pourrait s'en
trouver fort mal; et il ne doit pas avoir
à courir cette chance : s'il est coupable,
il doit être poursuivi et condamné; s'il
est innocent, il ne doit être l'objet d'aucune poursuite; et rien ne donnera l'as-
surance, qu'il est réellement innocent
ou coupable, aux yeux de la loi, que
lorsque la loi elle-même, aura précisé la

nature du fait, sur lequel aura porté la dénonciation.

Il ne faut donc pas croire, *que les formes de la procédure et la détermination des peines, sont* LES SEULS OBJETS *que doit régler la loi sur la responsabilité des ministres;* puisque l'article 56 de la charte ordonne impérativement que, *des lois particulières spécifieront la nature des délits, à raison desquels, les ministres pourront être dénoncés.*

Quant à la détermination des peines que les ministres peuvent encourir, elle a dû nécessairement être aussi l'objet de lois particulières, quoique la charte ne s'en soit pas expliquée d'une manière aussi précise; aussi, les auteurs du projet de loi du 27 janvier, s'en sont-ils occupés, dans son article 27, en laissant à la chambre des pairs, à les graduer, suivant la gravité des cas et des circonstances : mais *l'arbitraire* se reproduit ici dans toute son intensité, ce qui ne pouvait pas même être autrement, dans le système adopté, car il eût été impossible que la loi appliquât une peine particulière à chaque délit, dès lors qu'aucun délit ne s'y trouvait être spécifié.

On ne voit guère au surplus, comment le simple *emprisonnement à temps*, pourrait être une peine proportionnée à un crime de trahison et de concussion. Il y aurait un moindre scandale, à ce qu'il nous semble, d'acquitter le ministre dénoncé, *par l'intention*, que de le déclarer *convaincu* de l'un de ces crimes, et de ne lui appliquer que des peines *de simple police.*

La seule conséquence que l'on prétend tirer de cette observation, c'est que le

ministre qui s'est rendu coupable de trahison et de concussion, ne mérite aucune
indulgence ; qu'ayant eu, dans ses mains,
tous les moyens de trahir et d'envahir la
fortune publique, ce serait en quelque
sorte, s'associer à son crime , que de le
déclarer innocent, lorsqu'il existerait des
preuves suffisantes de sa culpabilité ;
comme ce serait usurper le droit de faire
grâce et de commuer les peines, qui ne
peut appartenir qu'au roi , que de ne
condamner le ministre qu'à un simple
emprisonnement, lorsqu'il est déclaré
convaincu du crime qui a fait la matière
de l'accusation. Tout ce que la chambre
des pairs pourrait être autorisée de faire
en pareilles circonstances, ce serait de
recommander le ministre condamné, à la
clémence de sa majesté. L'*équité* des ma-
gistrats ne peut être que l'obéissance pas-

sive à la loi existante; ils ne peuvent avoir d'autre conscience qu'elle : qu'ils aillent en de-çà, qu'ils aillent au de-là, ils perdent le véritable caractère des juges; ce ne sont plus que des tyrans ou des esclaves ; ce n'est plus la loi, c'est la partialité, la prévention, l'arbitraire en un mot, qui dictent les arrêts.

Jetons actuellement un coup d'œil rapide, sur les formes de procéder que le projet de loi détermine. On croirait, et ce serait très-mal à propos sans doute, qu'elles auraient plutôt pour objet d'établir l'inviolabilité des ministres que d'assurer leur responsabilité; cependant quelques-uns des articles du projet, sembleraient y donner quelqu'apparence de réalité; il suffira sans doute de les signaler, pour les faire remplacer par d'autres qui seront plus appropriées au but que l'on doit se proposer.

A considérer le projet de loi du 27 janvier, dans son ensemble et dans ses conséquences, il est difficile de supposer qu'il soit entré dans la pensée de ses auteurs qu'il put devenir applicable au cas de simple responsabilité *pour dommage causé à autrui*, par un ministre ou par ses agens ; car il ne peut pas plus dépendre de l'arbitraire des chambres, que de celui de toute autre autorité, de priver la personne qui a souffert le dommage, de la réparation qu'elle a le droit d'exiger ; et c'est ce qui résulterait du projet de loi, s'il pouvait recevoir son application à ce cas ; puisqu'il suffirait pour libérer le ministre de l'indemnité qui serait due au plaignant, d'une déclaration, qu'il n'y a pas lieu de prononcer sa mise en accusation, et de ne pas le condamner lorsqu'il y aurait été mis. Il ne peut être question, au cas de dommage causé à des

particuliers, que de l'exercice d'une autorité *civile*, lorsque le fait qui l'a causé,
ne se rattache pas, sur-tout, à un crime
de trahison ou de concussion. L'on ne
doit pas confondre les crimes et délits
qui tendent à troubler *la paix publique*,
avec le simple dommage causé *à des par-*
ticuliers.

Quant aux poursuites à faire contre
les ministres, sur une prévention de
crime de trahison et de concussion, elles
doivent être faites devant les chambres,
cela ne peut être douteux, puisque la
charte en fait le commandement exprès;
mais il ne faut pas que les formalités à
observer, que la charte a voulu qui
fussent déterminées par des lois particulières, puissent avoir l'influence d'amener
les choses au point de faire dépendre la
condamnation ou l'acquittement du pré-

venu de *l'arbitraire* des juges; car autrement, il faudrait être bien dévoué pour accepter un ministère, et la paix publique pourrait courrir de grands dangers.

Que la dénonciation d'un ministre doive être signée par *cinq* membres de la chambre des députés, il n'y a rien là que de très-convenable; le projet de loi aurait même exigé que la dénonciation fût revêtue de *dix* signatures au lieu de *cinq*, que le ministre prévaricateur, ne pourrait espérer de trouver dans cette exigeance, un abri salutaire : il faudrait concevoir en effet, une bien mauvaise idée de la chambre des députés, pour que l'on pût supposer, qu'il ne s'y trouverait pas un suffisant nombre de membres, assez amis de l'ordre, pour régulariser la dénonciation.

Mais l'article 13 du projet, contrarie

ouvertement toutes les idées reçues, tous les principes de la matière, en autorisant la chambre des députés à déclarer *toujours*, c'est-à-dire, *à toutes les époques* de l'instruction et jusqu'à la prononciation du jugement, qu'elle abandonne l'accusation précédemment portée contre un ministre ; et en ajoutant que, cette déclaration fait tomber l'accusation avec tous ses effets. Quoi ! lorsque l'article 4 du Code d'instruction criminelle, ne veut pas même, que la renonciation a l'action civile puisse suspendre ni arrêter l'exercice de l'action publique, lorsqu'il ne s'agit de la poursuite que de simples délits, et même de délits qui n'en prennent le caractère que par la plainte ou la dénonciation de la personne offensée ; il sera loisible à la chambre des députés, qui a prononcé la mise *en ac-*

cusation d'un ministre de l'abandonner;
et de l'abandonner quand encore! Après
un premier ajournement de trois jours
francs, au moins, sur la dénonciation ;
article 2 : Après que huit jours au moins,
se seront écoulés, depuis que la commu-
nication de la dénonciation aura été don-
née au ministre inculpé, qu'il y aura eu
un nouveau débat, et qu'il aura été nom-
mé une commission pour en faire son rapport; article 4: Après que la commission
aura reçu et vérifié tous les documens et
témoignages à la charge et à la décharge
du prévenu; article 6: Après que quinze
jours, au moins, après sa nomination ,
la commission en aura fait son rapport à la
chambre; article 8: Et après trois débats
successifs, à huit jours au moins, d'inter-
valle chacun; article 9.

La simple supposition que la chambre

des députés qui a prononcé la mise en accusation du ministre, peut abandonner l'accusation, après l'avoir prononcée, a une aussi grande connaissance de cause a quelque chose d'injurieux pour elle; car si l'accusation n'était pas fondée, la chambre serait impardonnable de l'avoir prononcée ; et si elle l'était, il serait contre son devoir de l'abandonner: Il ne faut pas perdre de vue, qu'il n'est pas simplement ici question d'un délit privé, mais d'un crime qui intéresse essentiellement la paix publique et la fortune de l'état, que la chambre des députés est spécialement chargée de surveiller.

Cette disposition du projet de loi, est bien plus incompréhensible encore, en ce qu'elle autorise, par la force de sa rédaction, la chambre des députés qui serait venue remplacer la chambre *dissoute*, à abandonner l'accusation, et à l'abandonner conséquemment, arbitrairement et sans aucun examen, puisqu'aucun débat n'aurait eu lieu devant elle.

L'article 14 porte, qu'aussitôt que la chambre des pairs est constituée, elle décerne, suivant qu'il y a lieu, l'ordonnance de prise de corps, ou seulement un mandat d'amener ou de comparaître. Conçoit-on, qu'il puisse être loisible, de ne prononcer qu'un simple mandat d'amener ou de comparaître, sur une mise en accusation, pour crime de trahison et de concussion, et surtout après que tant de précautions minutieuses ont été prises, pour s'assurer que la prévention porte sur de solides bases; et qu'un simple particulier, qui se trouve prévenu du plus léger délit, peut être mis sous le

poids d'un mandat de dépôt ou d'arrêt ?
Ne se rappellera-t-on donc jamais, que
tous les Français sont *égaux* devant la
loi, quelques soient leurs titres et leurs
rangs ?

Quel pourrait être d'ailleurs le motif de
réserver à la chambre des pairs, le droit
de décerner l'ordonnance de prise de
corps ? La mise en accusation emporte
nécessairement et de droit, la mise en
arrestation de l'accusé. Que sur la dénonciation faite par cinq membres de la
chambre des députés, le ministre ne
puisse être arrêté, cela peut aisément
se concevoir ; mais qu'ajoutant encore
à cette faveur insigne, le ministre qui est
mis en accusation , après des débats so-
lennels et prolongés , doive continuer
de jouir de la plénitude de sa liberté,
c'est ce qui est évidemment inconciliable

avec les précautions dictées par la prudence et que la justice exige.

L'article 21 dit que, le procureur général près la cour des pairs est toujours entendu, ce qui suppose une organisation préalable de la cour des pairs, et la cour des pairs n'est pas encore organisée : il semble cependant que ç'aurait dû être par cette organisation qu'il aurait fallut commencer, pour procéder régulièrement.

Que doit-on entendre par les moyens *préjudiciels* que l'article 22 veut qui soient présentés par l'accusé, avant l'ouverture des débats ? Il importe de lever toute incertitude à cet égard : On doit se rappeler en effet, que dans une affaire très-célèbre, le procureur général de la cour royale de Paris, et les défenseurs de l'accusé, discutèrent long-temps, sans que l'on en fût, pour cela, plus avancé, sur le point de savoir si tel ou tel moyen était *préjudiciel* ou s'il n'était que *préparatoire.*

On ne peut qu'aprouver la disposition de l'art. 25, en ce qu'il décide que les arrêts rendus par la chambre des pairs pour la condamnation, ne peuvent être rendus *qu'aux trois huitièmes des voix ;* mais il aurait été bon de décider en même temps qu'elle sera la majorité qu'il faudra pour prononcer la mise en accusation; et si les membres de la chambre des députés qui ont signé la dénonciation peuvent être admis à voter sur l'accusation : L'art. 5 dit bien qu'ils ne peuvent pas faire partie de la commission; mais il ne statue rien sur le point de savoir s'ils *peuvent* prendre part à la mise en accusation.

Si le projet de loi du 27 janvier était adopté, jamais on n'aurait eu plus à redouter le pouvoir ministériel ; jamais la liberté publique et individuelle n'aurait été plus en danger.

Pour faire une bonne loi sur la responsabilité des ministres, il importe d'en combiner sagement les moyens d'exécution, et surtout d'en bannir jusqu'à l'ombre de *l'arbitraire*. Pour parvenir à ce but, la loi ne doit pas être composée de pièces de rapport ; elle doit être complète. Le premier chapitre doit avoir pour objet, l'organisation de la cour des pairs, et de déterminer clairement ses attributions ; le second doit avoir celui de spécifier les crimes de trahison et de concussion, qui peuvent autoriser de mettre les ministres en accusation ; le troisième de déterminer les formalités à observer dans l'instruction et dans le jugement de ce genre de crime. Le quatrième, de déterminer les peines à infliger, au ministre convaincu, suivant la nature du fait dont il s'est rendu coupable. Le cinquième, de préciser les cas, où les citoyens lésés, par le fait d'un ministre ou par ses agens, peuvent être autorisés à en poursuivre la réparation par la voie civile. Le sixième, d'indiquer les formes à suivre en pareil cas, pour obtenir prompte et loyale justice.

Tant que la loi ne sera pas complète, dans tous ses rapports, la responsabilité des ministres ne sera qu'un vain mot; et il est plus que temps de lui donner quelque réalité; car c'est sur cette responsabilité seule, que peut reposer la sécurité publique. Il ne faut pas qu'il puisse rester aucun substerfuge possible, pour la pro-

tection duquel on puisse éluder les dispositions des art. 13, 55 et 56 de la
charte. Si l'on dévie une fois et dans
une seule occasion des principes que la
charte établit, tout est perdu sans res-
sources, puisque toute confiance, par là
même, s'évanouira sans retour. Ce n'est
pas lorsque le roi, lui-même, veut bien
nous assurer que tous les Français se sont
ralliés à la charte, ce qui la lui fait chérir
davantage, qu'il peut être permis d'en
violer les dispositions.

Le temps est sans doute prochain, où
les lois d'exception qui pèsent encore
sur la France seront enfin supportées :
Tous les citoyens attendent cet heureux
instant, dans le calme, mais avec impa-
tience ; et leur espoir ne peut être trom-
pé ; mais, surtout que du moins, en atten-
dant ce jour fortuné, qui réunira tous les

citoyens de la grande famille, dans une parfaite union, une loi que ses auteurs même ne peuvent se le dissimuler, avoir son unique base dans *l'arbitraire*, ne vienne pas jeter de nouvelles inquiétudes dans les esprits.

Le point principal est de ne pas confondre les dispositions de l'art. 13 de la charte avec celles des art. 55 et 56. L'article 13 prononce la responsabilité des ministres, sans aucune *restriction* ou *réserve*, et c'est cette responsabilité qui intéresse le plus particulièrement *l'individualité des citoyens.* Les art. 55 et 56, n'en sont que les corrolaires, ils ne disposent que pour le cas de mise *en accusation* des ministres pour crime contre *la paix publique*, et il est facile de *spécifier* les cas prévus dans ces articles. L'impossibilité, prétendue de spécifier la nature de ces délits ne provient que de ce que l'on s'obstine à vouloir rattacher aux faits de trahison et de concussion les dispositions de l'art. 13, qui leur est étranger sous tous autres rapports que celui de la responsabilité proprement dite. L'article 13 a pour objet la responsabilité civile pour dommages causés par le fait des ministres ou de leurs agens : et cette responsabilité ne nécessite pas la mise en accusation de ceux qui ont causé le dommage; il suffit pour régulariser cette responsabilité particulière de déterminer les formalités à suivre dans les poursuites.

Le Code d'instruction criminelle distinguait déjà les deux espèces de responsabilité que la charte a reproduite : il soumettait au jugement de la haute cour, celle qui résultait des crimes de trahison et de concussion et de tous autres crimes

qui tendaient à troubler les paix publique : il laissait au contraire aux citoyens
lézés dans tous autres cas le droit d'agir
par la voie civile ou criminelle, pour obtenir la réparation du dommage, qui leur
avait été causé ; et c'est évidemment dans
le même sens que les articles 13, 55
et 56 de la charte ont été rédigés.

Un seul obstacle était apporté à l'exercice de l'action des citoyens qui pré-
tendaient avoir souffert du dommage
par le fait des ministres ou de leurs agens
cet obstacle consistait en ce que les citoyens ne pouvaient agir qu'après en
avoir obtenu l'autorisation du conseil
d'état ; mais il a été démonstrativement
établi que la disposition relative de la
constitution de l'an 8, ne pouvait plus
aujourd'hui recevoir son exécution, que
l'on avise un moyen quelconque pour

empêcher qu'il soit fait des poursuites
contre les ministres ou leurs agens hors
des cas où elles seraient fondées, cela
convient : mais que l'on fasse dépendre
la responsabilité des ministres, pour
simples dommages causés de leur mise en
accusation pour fait de trahison et de
concussion, lors même que le dommage
a été causé; hors des cas de trahison et
de concussion, c'est ce qui serait inconciliable avec toute idée de justice, et avec
la responsabilité directement prononcée
par l'article 13.

FIN.